Meinen Urgroßeltern Walburga und Georg –
für die Liebe zu den Blumen, Bäumen und Tieren
und die Freude an Geschichten und Gedichten

Traumbaum

In meinem allerschönsten Traum,
da steht ein großer Apfelbaum.
Du glaubst es kaum, du glaubst es kaum:
Das ist mein schönster Traum.

In einem winzig kleinen Kern,
verborgen drin im Apfelstern,
da ist der Traum, da ist der Traum
– der große Apfelbaum.

Die schönsten Träume sind erst klein,
sie brauchen Zeit zum Größer-Sein.
Glaub fest daran, glaub fest daran
– und dann fang ganz klein an.

© Bärbel Freitag

Vorwort

Wenn der Herbst die Natur mit seinen bunten Farben schmückt, geht es hinaus zum Sammeln und Ernten. Dafür gibt es „kein schlechtes Wetter", wie mein Urgroßvater immer sagte, „nur schlechte Kleidung!" Ob die goldene Herbstsonne also scheint oder nicht: wetterfest anziehen – und los geht's! Bunte Herbstblätter, Kastanien, Äste und reife Früchte werden mit nach Hause gebracht und warten nur darauf, verarbeitet zu werden. Zahlreiche Ideen hierfür finden Sie in diesem Büchlein. Außerdem gibt es Verse und Lieder zu den verschiedenen Themen. Unter www.pinselreich.de können Sie schon mal reinhören.

Singen Sie selbst mit Ihren Kindern und sprechen Sie die Verse gemeinsam – denn das eigene Tun und Erleben kann durch nichts ersetzt werden – vorhandene Technik hin oder her. Dabei schenken Sie nicht nur den Kindern unvergessliche Momente, sondern auch sich selbst.

Eine schöne Herbstzeit und eine frische Brise, das wünsche ich Ihnen und Ihren Kindern

Bärbel Freitag

Sicherheitshalber

Alle Ideen in diesem Büchlein sind Vorschläge, die Sie genauso oder so ähnlich mit Ihren Kindern umsetzen können. Bitte beachten Sie, dass Sie die Kinder mit Werkzeugen und Materialien nicht sich selbst überlassen. Zeigen Sie, wie man damit umgeht und weisen Sie auf Gefahren hin.

Das Allermeiste können Ihre Kinder schon selbständig ausführen, bei manchen Vorschlägen ist allerdings Zusammenarbeit gefragt. Sollte etwas nicht gleich gelingen, ermutigen Sie die Kinder, es einfach noch einmal zu versuchen, denn am meisten lernt man durch Versuch und Irrtum!

Inhalt

Mit Kindern durchs Jahr

Herbsttage

Bärbel Freitag

Natur entdecken – Sachen machen.

HERDER

FREIBURG · BASEL · WIEN

www.herder.de

Gestaltung und Satz: Uwe Stohrer, Freiburg
Umschlagfotos und Fotos im Innenteil: Bärbel Freitag
Illustrationen: Hannah Rosa Freitag
Lektorat: Pia Haferkorn, Freiburg

Herstellung: Graspo CZ, Zlín

Printed in the Czech Republic

ISBN 978-3-451-38642-8

Hölzerne Obstscheiben

Im Herbst werden Büsche und Bäume nachgeschnitten, dabei fallen viele Äste an. Am besten sägt man sich gleich einen kleinen Vorrat an Astscheiben. Damit sie nicht einreißen, lässt man sie langsam auf Zeitungen trocknen. Sie lassen sich vielseitig gestalten, zum Beispiel als Obstscheiben.

Material und Werkzeuge:

Astscheiben (Ø 3–4 cm, 1 cm dick)
Handbohrer/Schere
Wasserfarben/Pinsel
dünne Zweige
grüne Papierreste
braune Wolle/Faden
Kleber/Zahnstocher

So gehts:

Astscheibe oben und unten einbohren (ca. 1 cm tief), beidseitig bemalen und trocknen lassen. Einen Tropfen Kleber in die Löcher tupfen. Oben ein kleines grünes Papierstück mit einem dünnen Zweig eindrücken, unten ein paar kurze Wollstücke mit dem Zahnstocher einstecken. Faden am Zweig befestigen.

Apfelmus im Glas | 2 kg Äpfel schälen, entkernen, klein schneiden und in einen Topf geben. 200 ml Wasser, den Saft einer halben Zitrone, eine Prise Zimt und das Mark einer echten Vanilleschote dazugeben. Aufkochen, dann bei mittlerer Temperatur 20 min. köcheln lassen, immer wieder umrühren. In Schraubgläser füllen, die zuvor mit kochendem Wasser ausgespült wurden. Fest verschließen und kopfüber auskühlen lassen. Hält mehrere Monate. Liebevoll dekoriert werden die Apfelmus-Gläser zum leckeren Mitbringsel.

Der Herbst ist da (Kreistanz)

Text & Melodie: Bärbel Freitag ©2020

Der Herbst ist da, der Herbst ist da. Was für ein Fest, Ju-hei-ras-sa!

Er bringt die Äp-fel eins, zwei, drei. Wir tan-zen heut, wir zwei.

Ju-hei-ras-sa, Ju-hei-ras-sa – ja, un-ser Tanz ist

wun-der-bar. Fi-de-ra-la-la-la-la.

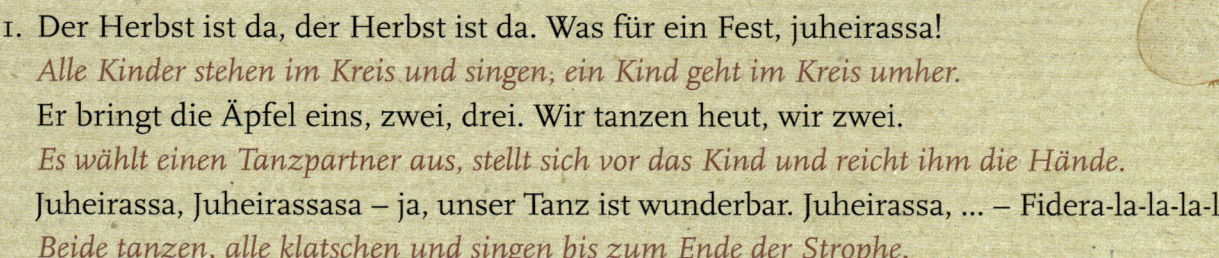

1. Der Herbst ist da, der Herbst ist da. Was für ein Fest, juheirassa!
   Alle Kinder stehen im Kreis und singen; ein Kind geht im Kreis umher.
   Er bringt die Äpfel eins, zwei, drei. Wir tanzen heut, wir zwei.
   Es wählt einen Tanzpartner aus, stellt sich vor das Kind und reicht ihm die Hände.
   Juheirassa, Juheirassasa – ja, unser Tanz ist wunderbar. Juheirassa, ... – Fidera-la-la-la-la.
   Beide tanzen, alle klatschen und singen bis zum Ende der Strophe.

2. ... er bringt die Birnen ...   *Jetzt suchen die beiden im Kreis neue Kinder zum Tanzen.*

3. ... er bringt die Nüsse ...   *Bei der nächsten Strophe suchen vier Kinder, usw.*

4. ... er bringt die Trauben ...   *Bei jeder weiteren Strophe wird eine neue Herbstfrucht*

5. ... (usw.) ...   *ausgewählt – so oft, bis alle tanzen.*

Freche Früchtchen

Aus Pappmaché, das ganz einfach herzustellen ist, sind diese Früchtchen entstanden. Dafür wird gerissen, geknetet, geformt und gemalt. All diese Tätigkeiten sind eine gute Förderung für Feinmotorik und Ausdauer und machen nebenbei noch Spaß. Die fertigen Früchtchen können in Kaufladen und Puppenküche zum Spielen verwendet werden. Deshalb unbedingt gesundheitlich unbedenkliche Farben und Kleister verwenden!

Material und Werkzeuge:
Zeitungen
warmes Wasser
Kleister
Wasserfarben/Pinsel
dünne Zweige

Rezept für Pappmaché:
Zeitungen in kleine Schnipsel reißen und mit warmem Wasser bedecken, über Nacht einweichen. Wasser absieben und den entstandenen Brei gut durchkneten. Etwas Kleister dazugeben und gut vermengen.

So gehts:
Das fertige Pappmaché zu Kugeln rollen (Äpfel), einige Kugeln oben rundum eindrücken (Birne). Vorsichtig einen kleinen Zweig oben einstecken und 1–2 Wochen trocknen lassen. Bemalen und wieder trocknen lassen.

Zauberapfel | Wer ihn noch nicht kennt, den Zauberapfel, für den wird es höchste Zeit. Dafür schneiden Erwachsene den Apfel rundherum zickzackförmig ein. (Übung macht den Meister!) Alle sprechen zusammen den Zauberspruch, dann den Apfel aufklappen – wunderschön! Und jetzt wird es spannend: Den Apfel an der richtigen Stelle wieder zuklappen, hochwerfen und – wieder aufzaubern, usw. Je spektakulärer die Zaubereien, umso toller wird es, die gesunden Äpfel zu essen. Viel Spaß!

Zauberapfel-Zauberspruch

Zipfel – Zapfel – Zauberapfel
Zicke – Zacke – Apfelbacke
Zirre – Zurre – Wirre – Wurre
Pille – Palle – Pei
Und der Apfel ist entzwei!

Zipfel – Zapfel – Zauberapfel
Glitzer – Glitzer – Zauberglanz
Zicke – Zacke – Apfelbacke
Und der Apfel ist jetzt ganz!

Zipfel – Zapfel – Zauberapfel
Zicke – Zacke – Apfelbacke
Zirre –Zurre – Wirre – Wurre
Pille – Palle – Pei
Fertig ist die Zauberei!

Apfelbäumchen | Diese kleinen Apfelbäumchen sind aus Kernen gezogen. Dafür muss man den „Winter vortäuschen": Getrocknete Apfelkerne auf feuchtes Küchenpapier legen und in einer verschlossenen Box 4–6 Wochen in den Kühlschrank stellen. Regelmäßig prüfen, ob das Papier noch feucht ist und bei Bedarf etwas nachbefeuchten. Wenn die Kerne gekeimt sind, vorsichtig in Töpfchen pflanzen, feucht halten und bei Zimmertemperatur an ein Südfenster stellen. Nach ca. 4 Wochen wächst ein kleines Pflänzchen, das im Frühling ins Freie umgesetzt werden sollte, da das Bäumchen für sein Wachstum die Jahreszeiten braucht. Jetzt kann das Apfelbäumchen mit den Kindern großwerden – welch ein wundersames Abenteuer!

Gedicht vom Wurzelwicht

Man sieht ihn nicht,	*Hände vor die Augen halten*
man hört ihn nicht:	*Hände vor die Ohren halten*
Er ist ein kleiner Wurzelwicht.	*Zeigefinger und Daumen zeigen kl. Wicht*
Er wohnt in unserm Apfelbaum.	*Arme nach oben, Finger ausstrecken*
Er ist so klein,	*mit Daumen und Zeigefinger andeuten*
man glaubt es kaum!	*Arme anwinkeln, Handflächen nach oben*
Nur hie und da,	*Mit Zeigefinger winken*
da guckt er raus	*eine Hand-Innenkante an die Stirn*
aus seinem kleinen Wurzelhaus.	*Hausdach mit den Händen formen*
Sei still und schau	*Zeigefinger auf den Mund legen*
aus einer Ritze:	*Hände aufeinanderlegen, hindurchschauen*
Da spitzt die kleine Zipfelmütze.	*Hände formen auf dem Kopf eine Mütze*
Ein Augenblick,	*Einen Daumen hoch halten*
und er ist weg.	*Hände hinter den Rücken*
Zurück bleibt nur ein leerer Fleck.	*offene Hand zeigt leeren Platz am Boden*

© Bärbel Freitag

15

Wanderstöcke

Diese Wanderstöcke haben eine lange Tradition, auf alten Bildern kann man sie manchmal entdecken. Wer das mit seinen Kindern ausprobieren mag, braucht nur ein Halstüchlein und einen großen Stock. Für einen Herbstspaziergang kommt auf dem Hinweg die Brotzeit hinein und auf dem Rückweg die gesammelten Herbstschätze.

Material und Werkzeuge:

Halstuch
großer Stock
evtl. Schnur
Herbstschätze

So gehts:

Gesammelte Herbstfrüchte auf ein Tuch legen und die gegenüberliegenden Enden verknoten. Das entstandene Säckchen mit den Tuchzipfeln an Stecken binden. Kleine Tücher kann man auch mit Schnur anbinden. Am besten lässt sich der Wanderstock über der Schulter tragen.

17

Kastanienringe

Wer Filz oder Stoff verarbeitet, hat oft viele kleine Schnipsel oder Schnittstücke übrig. Bitte nicht wegwerfen! Hier wurden sie mit Kastanien und Perlen zu wunderschönen farbenfrohen Ringen verarbeitet. Dabei werden frische Kastanien verwendet, die am Ring langsam trocknen und dadurch haltbar werden.

Material und Werkzeuge:

Kastanien
Handbohrer
Filz-/Stoffreste
Perlen
Schere/Zange
dicker Draht

So gehts:

Frische Kastanien durchbohren. Die Filz- oder Stoffreste auf passende Größe schneiden, anschließend kleine Löcher einschneiden. Dafür nimmt man am besten eine kleine Stoffschere. Jetzt abwechselnd Kastanien, Perlen und Stoffstücke auf dicken Draht fädeln. Den Draht rundbiegen und oben verschließen.

Stachelfreunde | Die kleinen Igel können über Tische und Fensterbretter krabbeln oder in der Bauecke mitspielen. Aus Pappmaché (Rezept S. 11) und Kastanienschalen sind sie gebaut. Dafür das fertige Pappmaché zu einer Kugel formen, die vorne spitz geformt wird (Igelkörper). Ein trockenes Kastanienschalenstück aufdrücken. Den Igel mindestens 2 Wochen trocknen lassen und bemalen. Falls die Schale locker wird, diese aufkleben.

Zungenbrecher-Lied vom Igel

Text & Melodie: Bärbel Freitag ©2020

Was ra - schelt da? Risch - Rasch! Was wa - tschelt da? Wisch - Wasch!

Was trip - pelt da, Tripp - Trapp, läuft im - mer auf und ab?

Was trip - pelt da, Tripp - Trapp, läuft im - mer auf und ab?

Risch - Rasch, Wisch - Wasch, Tripp - Trapp und ab.

2. Wer spitzt denn da? Spitz – Spatz!
Wer schmatzt denn da? Schmitz – Schmatz!
Wer sitzt denn da, Sitz – Satz, auf seinem Lieblingsplatz?
Spitz-Spatz, Schmitz-Schmatz, Sitz-Satz und Platz.

3. Wer schnuppert da? Schnipp – Schnupp!
Wer wuppert da? Wipp – Wupp!
Wer nuschelt da, Nisch – Nusch? Ein Igel hinterm Busch!
Schnipp-Schnupp, Wipp-Wupp, Nisch-Nusch und Busch

Zwischen den einzelnen Strophen kann man diesen Text sprechen und dazu klatschen:

"Was ist denn das, was ist denn das?
Da raschelt was im grünen Gras.
Da ist doch was, da ist doch was
im grü–nen Gras!"

Würfelspiel Kastanienkönig(in)

Ein selbstgemachtes Spiel macht doppelt Freude, zuerst beim Bauen und dann immer wieder beim Spielen. Dafür helfen alle zusammen, am besten schon beim Kastaniensammeln.

Material und Werkzeuge:

Kastanien/Handbohrer
feste Naturschnur

Wellpappkarton (Schachtel)
Wolle/Filzstifte/Schere

Spielregel:

Jedes Kind hat sein Namensschild mit Schnur. Mittig steht ein Korb mit trockenen gebohrten Kastanien. Reihum würfeln. Gewürfelte Zahl als Kastanien auffädeln. Sind alle Kastanien zu Ende, ist Kastanienkönig oder -königin, wer die längste Kette hat und darf für diesen Tag eine Krone tragen. Die fertigen Ketten werden bis zum nächsten Tag aufgehängt.

So gehts:

Frische Kastanien durchbohren und langsam in kühlem (nicht feuchtem) Raum nebeneinander auf Zeitung trocknen lassen. Für die Namenschilder Karton rechteckig zuschneiden, beschriften und beliebig mit Wolle umwickeln. Eine lange Schnur befestigen und einen Platz zum Aufhängen suchen z.B. ein langes Brett oder einen Holzleiste mit Haken oben am Rand. Achtung: Nägel, Schrauben, Haken ... nie auf Kinderhöhe herausstehen lassen – Verletzungsgefahr!

Kastanienwaschmittel | Ein Naturwaschmittel ganz einfach selber machen, das geht mit frischen Kastanien. 8–10 frische Kastanien werden mit dem Messer auf einem Schneidebrett geviertelt und in ein Schraubglas gegeben. Mit 300 ml warmem Wasser aufgießen und über Nacht verschlossen ziehen lassen. Immer wieder durchschütteln. Am nächsten Tag abseihen – fertig! Die Waschflüssigkeit eignet sich für die Handwäsche genauso, wie für die Waschmaschine. Für dieses kleine Waschprojekt sollten Kinder die Wäsche auch mal mit den Händen waschen dürfen, so wie früher. Damit geht es gesundheitlich unbedenklich, ökologisch und das alles ganz ohne Kosten.

Buchstabenwäsche

Wir würden weiße Wäsche waschen,
wenn wir wüssten, wo warmes Wasser wäre.
Wüssten wir, wo warmes Wasser wäre,
würden wir weiße Wäsche waschen.

Bei beiden Birnenbäumen
baumeln bunte Blätter.
Bunte Blätter baumeln
bei beiden Birnenbäumen.

Am Abend arbeiten
abertausende Ameisen
am alten Apfelbaum.

Hinter Hagebuttenbüschen
huschen heute hundert Hirsche.
Hundert Hirsche huschen heute
hinter Hagebuttenbüschen.

traditionell/© Bärbel Freitag

Maiskörner abperlen

Beim Abperlen von Maiskörnern haben Kinder ihre wahre Freude. Nebenbei kräftigt diese Tätigkeit Finger und Handmuskulatur und fordert Geschick und Ausdauer heraus. Die Maiskörner können zum Spielen in der Kinderküche oder für „Handkörnerbäder" verwendet werden. Dafür stellt man niedrige Wannen bereit. Für eine kleine Gebühr kann man Maiskolben bei Landwirten erstehen. Werden die Körner nicht mehr gebraucht, kann man sie im Winter als Amselfutter in den Garten streuen (dafür 1–2 Tage zuvor in Wasser legen) oder als Pferdefutter abgeben.

Material und Werkzeuge:
Maiskolben
flache Wannen/Tabletts

So gehts:
Maiskolben entblättern und trocknen lassen. Mit dem Daumen die Körner wegdrücken. Dafür am besten eine Maiskörnerreihe von unten nach oben wegperlen und von da aus Reihe um Reihe abperlen. Achtung: Immer in trockenen Räumen aufbewahren.

Maiskolben-Kunst

Mit den Maiskolben, die beim Abperlen übriggeblieben sind, kann man Farbe rollen. Dabei entstehen kunstvolle abstrakte Bilder. Wer mag, kann auch Geschenkpapier mit dieser Technik machen.

Material und Werkzeuge:
leere Maiskolben
Papier
Wasserfarben/Pinsel

So gehts:
Abgeperlte Maiskolben mit Wasserfarben rundum bemalen und gleich auf das Papier rollen, dabei fest andrücken. Trocknen lassen.

Maiskolben-Girlande

Die abgeperlten Maiskolben haben wir hier zu einer kunterbunten Girlande verarbeitet. Das sieht im Fenster oder über einem festlichen Tisch sehr schön aus. Wer die Rolltechnik der vorherigen Seiten ausprobiert hat, hat schon bunte Maiskolben parat.

Material und Werkzeuge:

leere Maiskolben
Wasserfarben/Pinsel
Kastanien/Handbohrer
Holzperlen
Draht/Wolle
Schere/Zange

So gehts:

Maiskolben bemalen und trocknen lassen. Frische Kastanien durchbohren und abwechselnd mit Holzperlen auf Draht fädeln. Bunte Maiskolben mit Wolle umwickeln und an der Girlande festbinden. Evtl. aus Wolle Fransen schneiden und dazubinden.

Windräder

Fast in Vergessenheit geraten, aber immer wieder schön sind selbstgebaute Windräder. Sie laden zum Rausgehen und Sich-Bewegen ein. Wenn der Wind nicht weht, dann heißt es kräftig pusten. Hier haben wir Holzstöcke verwendet, die zuvor im Wald gesammelt wurden.

Material und Werkzeuge:

festes Papier
Wasserfarben/Pinsel
Bleistift/Schere
Holzstecken
Nägel/Hammer
Holzperlen

So gehts:

Quadratisches Papier bemalen und trocknen lassen. Mit dem Bleistift ganz leicht diagonal von Ecke zu Ecke zwei Linien ziehen. Von jeder Ecke aus auf der Linie in Richtung Mitte ca. 2/3 einschneiden. Jede zweite Spitze lochen. Perle auf einen Nagel ziehen, jede zweite Spitze mit aufziehen (Papier nicht knicken) und durch die Mitte (siehe Skizze). Eine weitere Perle auffädeln und den Nagel vorsichtig in den Stock hämmern.

Süße Windräder | Eine leckere Überraschung sind diese gebackenen Windräder. Auf lange Holzspieße gesetzt bringen sie Kinderaugen gewiss zum Leuchten. Vielleicht eine Idee fürs Herbstfest oder den Kindergeburtstag. Dafür wird gekaufter Blätterteig verwendet. Teig aufrollen, in quadratische Stücke schneiden, mittig einen Löffel Marmelade auftragen und ein Windrad „bauen" (siehe Seite 33). Die Spitzen werden dabei in der Mitte leicht angedrückt. Backen nach Packungsbeschreibung und danach mit Puderzucker bestreuen.

Wind, Wind, Wind

Text & Melodie: Bärbel Freitag ©2020

Wind, Wind, Wind, komm ge-schwind. Dreh mein Wind-rad, Sau-se-wind.

Sau-se, Sau-se, Sau-se-wind – komm ge-schwind.

2. Kind, Kind, Kind, lauf geschwind
mit dem Windrad, Sausekind.
Sause, Sause, Sausekind – lauf geschwind.

Herbst-Traumfänger

Für gute Träume hängt man sich einen Traumfänger übers Bett. Statt Perlen haben wir hier Herbstfrüchte verwendet. Diese trocknen langsam in warmen Räumen und werden dadurch haltbar. Dabei kann man sich noch ganz lange an den wunderschönen Farben des Herbstes erfreuen.

Material und Werkzeuge:

dünner, frischer Haselnusszweig　　　Handbohrer/Zange
Naturbast/Draht　　　　　　　　　　Frische Herbstblätter
Hagebutten/Kastanien　　　　　　　Zahnstocher

So gehts:

Haselnusszweig zu einem Ring biegen, mit Draht fixieren und mit Bast umwickeln. Kastanien mit Handbohrer durchbohren, auf Draht fädeln und in den Ring spannen. Hagebutten oben oder unten durchstechen (nicht mittig, da dort die Kerne sind), ebenfalls auf Draht fädeln und spannen. Den Draht fixieren und von Erwachsenen kontrollieren lassen, damit er nicht aufspringt oder übersteht (Verletzungsgefahr). Wer möchte, kann noch Herbstblätter am Rand auflegen, umbiegen und mit Zahnstochern befestigen. Alles trocknet am Ring.

Herbstschätze-Rahmen

Eine gute Aufbewahrungsmöglichkeit für gesammelte Herbstschätze ist dieser Astrahmen. Hier können alle Fundstücke gut trocknen und das riesige Bild schmückt als Naturkunstwerk jedes Heim. Falls das Naturmaterial zum Weiterverarbeiten benötigt wird, einfach wieder abfädeln.

Material und Werkzeuge:

große dicke Äste
Schnur/Schere
Bindedraht
frische Herbstschätze

So gehts:

Äste als Rahmen zusammenbinden, dabei die Schnur überkreuz in alle Richtungen fest verzurren. Naturfundstücke auf Draht stecken und auffädeln. Manches muss vorgebohrt werden (z.B. Kastanien). Die fertig aufgefädelten Drähte hoch oder quer spannen, fixieren und zum Trocknen aufhängen.

Kürbisgesicht | Wer im Herbst einen Kürbis gestalten möchte, kann diesen aushöhlen oder einfach nur mit Naturmaterial schmücken. Dafür alles mit Zahnstochern aufspießen und einhämmern oder mit Draht befestigen. Statt einer Kerze im Inneren stellt man zur Beleuchtung des Gesichts einfach eine Laterne oder ein Kerzenglas daneben.

Kürbisgedicht

Kürbis, Kürbis, kugelrund,   *Mit den Händen einen Kreis ziehen*
Kürbis, Kürbis, kerngesund,   *beide Arme heben, Muskeln zeigen*
wächst im Garten, groß und klein, *Hand nach oben und nach unten*
schmeckt uns allen fein.   *kreisförmig über den Bauch streichen*
Kugelrund – kerngesund.   *Silben dazu klatschen*
Groß und klein – schmeckt uns fein. *(oder passende Bewegungen wiederholen)*

Kürbis, Kürbis, dickeprall,   *Mit den Händen dicken Bauch andeuten*
Kürbis, Kürbis, überall.   *eine Hand zeigt ins Weite*
Gelb, orange, und grün und grau, *mit den Fingern aufzählen*
manchmal glatt und rau.   *Handflächen aneinander reiben*
Dickeprall – überall.   *Silben dazu klatschen*
Bunt und grau – glatt und rau   *(oder passende Bewegungen wiederholen)*

Kürbis, Kürbis, viele Kern'–   *Zehn Finger rhythmisch ausstrecken*
Kürbis, Kürbis, ess' ich gern.   *kreisförmig über den Bauch streichen*
Mach daraus ein Leuchtgesicht,   *Hände zeigen Strahlen im Kreis*
innen Kerzenlicht.   *Hände zur Schale formen*
Viele Kern' – ess' ich gern.   *Silben dazu klatschen*
Leuchtgesicht – Kerzenlicht.   *(oder passende Bewegungen wiederholen)*

Spaghetti-Kürbis

„Spaghetti" aus Kürbis sind schnell zubereitet und eine sehr gesunde Alternative zum Nudelgericht. Spaghetti-Kürbisse gibt es im Herbst zu kaufen – einfach mal ausprobieren! Beim Backen wird das Fruchtfleisch faserig und kann wie die langen Nudeln serviert werden.

Zutaten:

1 mittelgroßer Spaghetti-Kürbis	6 Tomaten
1 Zwiebel/Öl	Salz und Pfeffer
Kräuter nach Belieben	Gemüsebrühe/evtl. Sahne

So gehts:

Den Backofen auf 175° C vorheizen. Die Kürbisschale mit dem Messer rundherum einstechen und den Kürbis im Ganzen auf ein ungefettetes Backblech legen. Ohne Zugabe von Wasser eine Stunde im Ofen backen. Zwiebeln, Tomaten und Kräuter zerkleinern. Zwiebeln in Öl anbraten mit Tomaten und Kräutern, Salz und Pfeffer eine Weile köcheln lassen, dabei Pfanne zudecken. Etwas Gemüsebrühe dazugießen, zum Schluss evtl. mit Sahne verfeinern. Den Kürbis aus dem Ofen nehmen und kurz liegen lassen. Dann mittig aufschneiden und mit einem Nudelgreifer das faserige Kürbisfleisch herausholen. Mit der Soße servieren.

Herbstgespenster | Für die kleinen Herbstgespenster durchbohrt man Kastanien, steckt einen Nagel hindurch und hämmert sie auf kurze, stabile Aststücke. Auf die Kastanien Gesichter malen (siehe Seite 48), Herbstblätter an das Ästchen wickeln und fest verknoten. Einen Faden zum Aufhängen befestigen. Zum Schluss Haare aufkleben, hier z.B. Clematisblütenstände. Wer solche nicht findet, schaut sich einfach in der Natur nach Alternativen um.

Wind-Gespensterchen

Text & Melodie: Bärbel Freitag ©2020

Es ras-selt und es pras-selt, drum bin ich auf-ge-wacht.

Ge-spen-ster-chen am Fen-ster-chen mit-ten in der Nacht. Ge-

spen-ster-chen am Fen-ster-chen mit-ten in der Nacht.

2. Es rattert und es knattert,
   wo kommt denn das nur her?
   Gespensterchen am Fensterchen,
   sie tanzen hin und her.

4. Es wispert und es knistert,
   es saust und braust geschwind.
   Gespensterchen am Fensterchen,
   das ist doch nur der Wind!

3. Es holtert und es poltert,
   ich fürchte mich schon sehr.
   Gespensterchen am Fensterchen,
   es werden immer mehr.

Gartenspinnennetz

Wie die Spinne, so bauen fleißige Hände ein Riesennetz für den Garten. Wer einmal eines gebaut hat, würdigt die meisterliche Arbeit einer Spinne bestimmt – und kommt der Natur ein kleines Stück näher. Das große Netz ist ein Blickfang, der auch im Winter den Garten auf besondere Weise verzaubert.

Material und Werkzeuge:

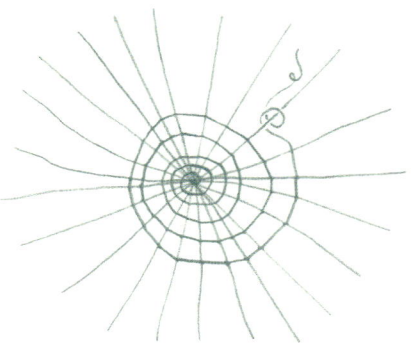

Dicke Naturschnur
Schere
Zeltheringe
Hammer

So gehts:

Zwischen Büschen und Bäumen sternförmig überkreuz dicke Naturschnur spannen. Am Boden mit Zeltheringen befestigen, diese werden mit dem Hammer eingeschlagen. Mit einem großen Knäuel Schnur, von der Mitte des Fadensterns aus beginnend, spiralförmig „wickelweben". Dabei wird jede gespannte Schnur einmal umwickelt, bevor es zur nächsten weitergeht (siehe Skizze).

Danke

Ihr Lieben, ein ganz herzliches Dankeschön ...

... Hannah, Dir für's Zeichnerische und Logische
... Mona, Dir für's Philosophische und Pädagogische
... Christian, Dir für's Handwerkliche und Technische
... Andrea und Barbara, Euch beiden für's Musikalische!

Ebenfalls bei Herder erschienen:

Mit Kindern durchs Jahr:
FRÜHLINGSTAGE
Verlag Herder
1. Auflage 2020
48 Seiten
ISBN: 978-3-451-37901-7

Pappe, Wolle, Holz und Stoff
Verlag Herder
1. Auflage 2018
Gebunden
112 Seiten
ISBN: 978-3-451-37930-7

Blume, Sonne, Herz und Stern
Verlag Herder
1. Auflage 2017
Gebunden
112 Seiten
ISBN: 978-3-451-37539-2